Der obdachlose Philosoph

Jonathan Frensch

Jonathan Frensch

Der obdachlose Philosoph

Gedanken von draußen

Impressum:

Bibliographische Information der Deutschen
Nationalbibliothek: Die Deutsche Nationalbibliothek
verzeichnet diese Publikation in der Deutschen
Nationalbibliographie; detaillierte bibliographische
Daten sind im Internet über dnb.dnb.de abrufbar.

© 2022 Jonathan Frensch

Herstellung und Verlag:
BoD – Books on Demand, Norderstedt

ISBN: 978 3 756 832088

Inhaltsverzeichnis

II

1. Der Eingang

Die Worte des Buches entstanden beim Spielen,
beim Trinken, beim Reden.
Beim Spaziergang, in aller Wut und beim
Schweben.

Sie enthalten einen Bruchteil der Erfahrungen,
Erlebnisse und Gedanken, mit denen ich
tagtäglich durch mich und die Welt gehe.
Mit denen ich mich herumschlagen muss,
wenn ich vor lauter Flaschen den Wald nicht
mehr sehe.

Flaschen sind ein Synonym für verhandelbare
Masse. Die Meisten sind am Pöbeln,
die Wenigsten haben Klasse.

Klasse zu erkennen, dass es keine Klasse gibt.
Dass Diskriminierung gewollt ist und die
Flasche mich zur Seite schiebt.

Freuen sie sich dann, wenn ich anfange zu
leiden?
Wer weiß…
Aber freuen Sie sich, denn ich habe auch
angefangen zu schreiben!

2. Die Sammlung

Diese Schnapse bringen die
Synapse ganz schön
durcheinander.

Wie klar wird wohl mein
Kopf bald sein,
trinkt den Schnaps ein
andrer?

Die Reichen der Gesellschaft
spielen mit nem Falsch-Trick.

Für mich wird ihre reine Gier
täglich zu nem Fall-Strick.

Was mich von einem so
genannt behinderten
Menschen trennt?

Wenig!
Obwohl, einen Unterschied
erkenne ich:

Ich bin am unteren Ende der
Gesellschaft, aber entscheide,
wo ich langgehe.
Behinderte sind integriert,
aber bekommen gesagt, wo
es langgeht.

Nobel geht die Welt zu
Grunde gib mir noch ein
Bier!

Im Kobel geht die Welt zu
Grunde für das
Nagetier!

Wahrhaftigkeit in einer
Gruppe fängt dort an, wo du
ohne Gehirn sprechen
kannst!

Aber sagst du immer was du
denkst?

Nur manchmal.
Ich denk aber auch nicht
immer was ich sage!

Gesellschaftsspiele spiele ich
am liebsten allein, um nicht
blöd aufzufallen.

Manchmal kommt mir mein Alltag so vor, als würde ich dort leben, wo andere ihren Urlaub abbrechen.

Schon erstaunlich, wie schlecht richtig gute Musik vormals recht gute Musik aussehen lässt.

Die Analogie zu meinem Leben?

Schon erstaunlich, wie schlecht ein richtig gutes Leben ein vormals recht passables Leben aussehen lässt.

Durch kalkulierten
Tabubruch gewinnst du sehr
viel.

Mir ist es noch nicht mal
lieber, wär's ein tabuisiertes
Kalkül.

Ich gebe immer mehr als ich
habe.
Umso leichter wird mein
Gepäck.

Mir wird oft gesagt ich sei
schlauer, als ich aussehe.

Aber mein Gehirn kann ja
auch nichts für mein Gesicht.

Ob ich Einzelgänger bin?

Oftmals ja!

Aber wir müssen uns auch

aufeinander verlassen

können.

Wer das Vertrauen nicht

achtet, bekommt die Antwort

sehr schnell serviert:

Wer anderen in die Suppe

spuckt, fällt selbst hinein!

Geschäftsidee für meine
Leidgenossen:
Ihnen Flaschen verkaufen,
die schon andere genossen.

Pfandflaschen für zehn Cent
statt für acht.
Wenn das nicht klappen
sollte, das wäre doch gelacht.

Ich muss mich nur beeilen,
die Flaschen werden ranzig.
Den Gewinn dann dritteln
wir: 50 – 30 – 20

Manchmal trink ich doch
ganz gern und könnt mich
glatt verlieben.

In keinem Fall am
Ballermann,
doch in viele Malle-Diven!

Wie kommt es, dass
diejenigen, die sich als
DAS VOLK bezeichnen,
davon ausgehen, dass das
Volk so homogen ist wie sie
es sich vorstellen oder
wünschen, ohne die
Unmöglichkeit assoziieren
zu können, wenn sich schon
in ihrer Kleinfamilie über
Belangloses gestritten wird?
Und gehöre ich dazu, weil
ich deutsch bin oder nicht,
weil ich nichts beitrage?

Von einem Mann bekam ich
einst gesagt, er sei nun gegen
Spenden.
Aus einem einzig klaren
Grund:
Er möcht' kein Geld
verschwenden.

Zwischen zwei Städten
entsponn sich ein Konflikt
Wer wohl das meiste Geld
für eigene Ideen kriegt.
Unna hatte 'ne Idee für
Sozialarbeit und Prävention
Der Widersacher sagte: „Ne!
Das ham wir alles schon."

Und die Moral von der
Geschicht:
Was Unna wünscht ist
unerwünscht!

Was wohl die ganzen
Menschen denken,
wie wir unseren Tag
verbringen?

„Sollen wir was spielen?“
„Gerne, was denn?“
„Wie wärs mit
Scotchlandyard?!“

Meine Grundschulfreunde bekamen von ihrer Mutter nach dem Baden immer eine Abschlusspflege.

Ich war für meine Eltern immer nur der Abschussflegel!

Brataal, Lachs und
Rinderbraten
alles ein Gedicht
Hab' ich wenigstens gehört,
kennen tu ichs nicht.
Welche Gourmetauswahl
mir die Gosse so bringt,
wollt ihr nun gerne wissen?
Das erzähl ich euch sehr
gerne, das Buffet ist längst
beschissen!

Polizisten
Freunde und Helfer in deiner
Not.

Polizysten
Metastasen und Schmerzen.
Ich bin in Not.

Nicht allen Menschen ist
alles möglich,
manches verwehrt man doch
den Schwachen.

Die Frage, die sich auch
grundsätzlich stellt:
Möchte man allen alles
möglich machen?

Psychotherapie ist eine Form
für sich, für viele passend.
Doch gerade nicht für mich.

Ob ich auf deiner Couch hier
liegen möchte?
Das lässt sich noch
verwehren.
Der Mensch kann sich nur
selbst verändern,
nicht jedoch verändert
werden.

Wann setzt Verblödung ein?
Und wo und wie?
Und wer hat das Recht
Verblödung woanders,
als bei sich selbst zu
verorten?
Ist meine Unkenntnis deiner
Lebenswelt schon Blödheit
für dich?

Oder solltest du dich für
blöd erklären,
wenn du deine Welt als
Selbstverständlichkeit für
andere erklärst?

Ich wusste schon immer den
Grund für das
Massensterben von
Blaumeisen:

Alkoholvergiftung.

Was ich mir wünsche …
Taten statt Worte in der
Politik.

Was ich bekomme …
Warten statt Torte in der
Bäckerei.

Eine holde Maid mit

schönem Haar.

Rapunzel ist so wunderbar.

Ein versoffener Tagelöhner.

Ein paar Runzel trag ich

unterm Haar.

Früher war ich ein Tänzer,
da war mein Steiß am
Schwingen.

Heute kann ich nicht einmal
duschen und mein Schweiß
ist am Stinken.

Spitzname für die Berber in
Bremen:

Becks Treat Boys!

Es ist in Diskussionen
manchmal schwierig
herauszufiltern,
wer kritisiert, weil sie oder er
schon Erfahrungen
gesammelt hat und wer nur
kritisiert, weil dagegen
immer besser ist als dafür.

Wie sich das für Jan
angefühlt hat, oft verprügelt
zu worden zu sein?

Pflaster pflastern seinen
Weg!

Hyperhidrose habe ich zum Glück nur, wenn ich schwitze!!

Woran ich erkenne, dass
Menschen mehr Zeit als
Probleme haben?

An der Tatsache, dass sich
sonst kein Mensch das Wort

Hähnchenseparatorenfleisch

ausdenken würde!

Slime haben früher
gesungen:
Legel – illegal – scheissegal

Wenn ich vorm
Zahnarztbesuch meditiere
heißt es nur:
Dental – mental –
instrumental

Das waren noch Zeiten,
als die Kelly Family mit uns
durch die Straßen zog
und sich zu uns in den Park
legte!

I wish I were an Angel!

Petri Heil

Wer sich seine Beziehungszeit auf Grundlage des TV-Programms ausrichtet, führt auch eine Fernbeziehung.

Da ich oft containern gehe,
kann ich vorher nie sagen,
was bei mir auf dem
Speiseplan stehen wird.

Ich mag viele Sachen, aber
Passionsfrüchte sind meine
Leidenschaft!

Warum ich gerade keine
Arbeit habe?
Mein Chef wollte, dass ich
mache was ich will und
dieses Wollen mit seinem
Sollen übereinstimmt.
Das hat es nicht, also sucht er
nun einen anderen,
dem er sagen kann:

Ich möchte nicht, dass sie
machen was ich will, ich
möchte, dass sie wollen was
sie machen.
Und zwar für mich arbeiten!

Ein Bier am Strand?!

Natürlich!

Man muss ja auch mal etwas
Schönes mit etwas
Trinkvollem verbinden!

Bei mir kam eins zum
anderen.

Jobverlust,
Spielabhängigkeit,

Und dann:
Pech im Spiel
Bruch in der Liebe

Ich habe absolut keine
Ahnung, warum in diesem
Land immer noch so ein
starker Antisemitismus
herrscht.

Ich kann nur über die
Freundlichkeit der mir
bekannten jüdischen
Mitmenschen sagen:

Jerusalem, desto Israel!!

Da wir hier mit unseren Ressourcen haushalten müssen, halte ich die Aussage:

Zwei Blöde ein Gedanke für sehr unökonomisch.

Ein Blöder zwei Gedanken wäre viermal mehr wert.

Man muss es nur zulassen.

Dabei fing mein Leben recht
vielversprechend an.

Aufgewachsen in einem Dorf
in Schleswig Holstein, hatte
ich als Jugendlicher sogar
eine Ska-Band:

Oi Teen.

Morgens aufgewacht und

festgestellt:

Ich habe gar nichts zum

Anziehen!

…zum Glück hatte ich mich

abends gar nicht ausgezogen

gehabt…

Wenn ein Mensch einfach so
an mir vorbeigeht
und mir einfach mal
dahinwirft, ich könne doch
einfach mal versuchen
wieder auf die Beine zu
kommen…

Eine Feder ist leichter als
eine Hantel, einfach einen
ersten Schritt zu gehen ist
schwierig. Ich nehme bei
allem was ich mache
mein Lebensgepäck mit.
Du auch?

Erinner dich an jeden 7.
Januar. Eine Woche nach
deinen guten Vorsätzen.
Wieviel ist davon geblieben?
Einfach, oder?!

Da werden Menschen
gemacht zu wollen.
Eine Struktur wird
verwechselt mit einer
Haltung.
Alle sind eigentlich
willkommen, aber wir geben
vor, wie es gelebt wird.
Eine schöne Idee behördlich
beerdigt. Und die schulische
Abteilung arbeitet ohne
Gesellschaft.

Wie inklusiv ist Inklusion,
wenn immer noch Menschen
wegfallen?

Wie inklusiv kann Inklusion
sein, wenn sie nicht zum
Mitmachen animiert,
sondern zum Kopfschütteln?

Wenn Blicke töten könnten,
müsste ich mir nicht mehr
über die Verachtung und
Überheblichkeit die
Entmenschlichung und
Verurteilung die
Geringschätzung und
Abscheu Gedanken machen.

Kommt ein Vorurteil
schneller, als du denkst
oder ist es schon da, bevor
du denkst?

Kann mir irgendjemand
erklären, wie es gehen kann,
dem Terrorismus den Krieg
erklären?

Ist es ein Paradoxon
bei dem alle Seiten als
Verlierer schon feststehen
oder ist es ein
Beruhigungsmittel, bei dem
es nur auf allen Seiten ein
paar Verlierer gibt?

Wenn das Clownsgeschäft
eine so ernste Angelegenheit
ist, wieso lachen die Politiker
dann nicht?

Wer sind diese
Gesprächsopportunisten,
die sich nach der Rede der
anderen orientieren, aber
nicht wissen, wie sie mit mir
umgehen sollen?

Meinungsabbildung verliert
den Menschen.

Was ist empathische
Nachhaltigkeit?

Hört dein Mitgefühl hinter
der nächsten Ecke auf – dort,
wo dich keiner sieht -,
nimmst du es mit nach
Hause, oder hast du es
immer bei dir?

Wissen Sie, was mir in
meiner Lebenssituation
glücklicherweise niemals
passieren wird?
Ein Stress geplagter Burnout-
Forscher zu sein!

Wissen sie, was mir in
meiner Lebenssituation
leider niemals passieren
wird?
Dass die Vorteile die
Nachteile ausgleichen!

Das Gute am freien Denken:

Die eigene Erlaubnis mir die
Freiheit zu nehmen, noch
nicht zu wissen, was bei
meinem Denken
herauskommt, weil nichts
Exaktes herauskommen soll.

Ich kann denken ohne
Identifikationspflicht!

Ich war einmal in meinem
Leben in einem Theater

Affektiertheit mischt sich
unter den Intellekt.
Kultur wird mit zweierlei
Maß gemessen.

Da wurde für mich aus
teilbestuhlt ganz schnell
halbbeschissen.

Jeder möchte noch besser
sein, als er es gestern war,
oder als sein Nebenmann.
Und sei es auch nur in der
Form einer sich selbst
produzierten Blase, um auf
die eigene Leere aufmerksam
zu machen.

Was bedeutet das Folgende fürs Fernsehen, wenn ich Quote mache mit einer Sendung, über die Quote von Sendungen?

Ausschalten?

Das Geld, das mir
(aus-)gegeben, die Stummel,
die sich mir finden, die
Leihgaben, die sich mir
schenken.
Der Genuss, all dies mit
Dankbarkeit zu inhalieren..

Asche auf mein Haupt.
Ich rauche immer noch.

Du fragst warum der
Spitzname meines fetten
Freundes Kalk war?

Weil er wie ein Loch fraß!

Die Reichen und sozial
Abgebrühten haben es
faustdick hinter den Ohren.

Ich bin zwar sozial
kompetent, aber habe
faustdicke Ohren.

Wir nutzen wirklich jede
Möglichkeit, wenn sie sich
von uns selbst gemacht
bietet, um einen zu Trinken.

Selbst das war schon ein
Drink mit dem Zaunpfahl…

Corona hat auch noch
meinen Nebenjob auf dem
Kramermarkt und die
Aussicht auf ein besseres
Leben zunichte gemacht.

Keiner kam mehr, um
Obdach-Lose zu ziehen.

Lieber materiell arm, aber
von Freunden umringt,
als sozial inkompetent und
abgebrüht:

Mein alter Freund Jan ist
nicht mehr im Park.
Will jetzt Karriere machen.

Irgendwann gerät jeder auf
die schiefe Bahn…

Deine eigene Meinung ist
nicht immer der Grund
deines Redens.
Meine Ohren sind nicht
immer der Anlass für deine
Worte.
Deine Luft braucht nicht
immer gepresst deinen
Rachen verlassen.

Drei Gründe mich einfach
mal in Ruhe zu lassen.

Ein Treffen mit einem
Unsympathen gereichte mir
zu Scherzen.
Er fragte mich „Was kannst
du denn?"
Die Antwort sollte er
verschmerzen!

„Volleyballtorwart
und
Gebärdensprachen-
dolmetscher fürs Radio!"

Letzte Woche:

Verprügelt und ausgeraubt,
mir blieb nur meine Würde.
Ist doch Jacke wie Hose was
man trägt, außer der
vergess'nen Bürde.

Du hast deinen Keller
leergeräumt?
Keine Leichen mehr zu
finden?
Du bist mit dir im Reinen
und denkst du kannst mich
schinden?

Nun ist dein Verhalten
wieder Leiche Nr. 1!

Feinfühlig und selbstverliebt
kann man ja mal sein.
Immer ganz genau zu wissen
was ist echt und was ist
Schein. Vorzuspüren, wenn
sich etwas bahnt, dem Bein
schon anzusehen,
kurz bevor es lahmt.

Das bewundere ich sehr,
denn ich kann es nicht.
Für mich ist es schon ein
Hochgenuss
im Urin zu haben, wenn ich
Pinkeln muss.

Ich kann hungrig aufwachen,
miese Stimmung gezeigt
bekommen, den Missmut
meiner Mitmenschen greifen
können, bei schlechtem
Wetter keinen Platz für mich
finden, plagende
Kopfschmerzen durch die
Stadt tragen, nicht Ein noch
Aus wissen oder wo ich
morgen sein werde,
doch:
Meine Tagesform hängt
immer noch allein von
MEINER Laune ab!

Zuerst kommt die
Vorstellung von etwas,
erst dann entwickelt sich
vielleicht ein Verständnis.

Ich würde mich gerne
Menschen vorstellen können.

Manche Menschen hören die
Musik, andere nur die
Musiker.

Manche Menschen achten
auf die Worte, andere nur
auf die Sprechenden.

Manche Menschen sprechen
für sich, andere nur für die
Hörenden.

Motivationslose Tage,
hab ich zu genüge.
Erzählte ich was anderes,
wärs ne dicke Lüge.

Eine Trägheit im Körper,
der dann nicht mehr alles
schafft.
Ich würde mich gerne
auspowern, aber dafür fehlt
mir die Kraft.

Ich bin dankbar für jedes
ehrliche Angebot.
Wirklich.
Wenn meine Reaktion nicht
so ausfällt, wie du es dir
vorgestellt hast, dann
vielleicht, weil du dich mir
nicht vorgestellt hast.

Für meine Reaktionen
möchte ich selbst
verantwortlich sein.
Die brauche ich nicht
vorgelesen bekommen.

Ich sollte einmal beleidigt
werden.

Der Mann sagte:
„Guck mal wie du riechst!"

Ich antwortete:
„Mit den Augen kann ich
nur sehen!"

Nach links geguckt nach
rechts gesehen, ich geh so
gern spazieren.
Es bleibt mir auch nichts
anderes übrig,
doch: auf allen Vieren.

Wohin ich auch geh,
überall lässt sich was finden.
Erschrocken bin ich ob der
andrer Hast
und find:
Eilig haben's nur die
Blinden.

Wenn mich die Freude
überkommt, überrennt sie
die Gedanken.
In einem Restaurant ein
Essen bestellt, der Ober tat
sich bedanken.

Spaghetti Bolognese,
vegetarisch, aber ohne Pasta.
Nur die Tomatensauce
kannst du weglassen.

Beehren sie uns bald mal
nicht wieder…

Je öfter ich allein am Bahnhof
schlafe und Zeit habe zu
beobachten, wie die die
Schaffner und die Lokführer
miteinander sprechen,
umso drängender formt sich
die Frage, ob ein intensiv
rauchender ICE-Lokführer
wohl einen doppelt guten
Zug hat?!

Wo stehe ich für dich?

Über dem Hartz-IV-Bezieher,
weil ich keine Almosen
beziehe oder darunter,
weil ich keine Wohnung
habe?

Der Frage unabhängig:
Warum prügelst du?

Deine Betrachtung ist nicht
meine Situation.
Ich bin mehr, als du
wahrnimmst und siehst.

Mein Problem ist, dass ich
mehr bin, als du
wahrnehmen möchtest.
Aber mit deinem Blick wirst
du mich niemals sehen.

Widere ich euch an und ihr
wollt mir trotzdem helfen,
gilt auch hier der Zwiespalt
der Verpflichtung:

Hässlich Willkommen in
meiner Welt!

Ehre wem Ehre gebührt
ist ein exklusiver Satz,
der wahrlich jeden Menschen
einzuschließen hat.
Auch oder selbst die,
die ihre Ehre vergaßen.
und nicht die Möglichkeit
sie zu zeigen besaßen.
Wenn auch bewusst oder
gewollt sich Widerwillen
einschleicht, da das Zeigen
der eigenen Ehre
zum ebenso eigenen Nachteil
gereicht.

Es heißt hier nicht:
Ich denke, also bin ich,
sondern:
Was um mich herum ist,
wird bedacht!
Kann ich weiterdenken und
darüber hinaus?
Vielleicht und bestimmt!

Ich finde vieles schlimm was
ich denke.
Aber womit ich mich
identifiziere, bleibt meine
Entscheidung.

Wenn dein Anspruch ist
mitspielen zu wollen,
dann bist du ganz unten.

Wenn dein Anspruch ist
bei dir zu bleiben,
dann bist du ganz am Ziel.

Liebe Schule, vielen Dank!

Ich habe von der Diskussion mitbekommen, dass der Mensch nicht dafür gemacht sein soll, jeden Tag von 09:00 – 17:00 Uhr an einem Schreibtisch zu arbeiten, sondern einen angeborenen Bewegungsdrang hat.

Zum Glück wird dem Menschen schon im Kindesalter dieser Bewegungsdrang abtrainiert.

Wo ich morgen sein werde?

Keine Ahnung!

Wo ich hingehöre?

Das weiß ich gerade nicht!

Wie ich morgen sein werde?

Das ist eine gute Frage!

Trotz aller Umstände der

bleibende Wille:

Wenn mich am Ende jemand

fragt,

„Was hast du so erreicht im

Leben?"

Dann will ich antworten:

„Mich!"

Wieso sollten Kinder von
sich aus nicht lesen und
schreiben lernen wollen?
Nur, weil du dir das nicht
vorstellen kannst?

Vertraue keiner
Vorstellungskraft, die auf
Misstrauen basiert!

Sind Influencer stärkere Einflusser, als ich es sein kann? Haben sie Einfluss auf andere oder auf sich? Ist es ihre eigene Entscheidung, wenn sie sich zwischen zwei zu bewerbenden Produkten entscheiden dürfen? Wieso wird meine Entscheidungsgewalt, verurteilt und des Influencers Entscheidungsverkauf im maximalen Rahmen gefeiert?

Zeig mir deine Wohnung
und ich sag dir wer du bist!
??

Meine Wohnung ist die Welt!

Bin ich für dich nun das, was
ich für mich bin?

Ein Erdenbürger!?

Woher kommt dieser
Ausspruch:
Augen zu und durch!?

Den habe ich nie verstanden.
Wenn ich die Augen
schließe, laufe ich gegen
einen Baum.

Nach einem Lerneffekt
gefragt, muss ich antworten:
„Keine Ahnung. Ich hatte ja
die Augen zu!".

Wenn mich Menschen mit
Abscheu betrachten, weil ich
in ihren Augen
verabscheuend bin,
möchte ich ihnen zur
Verabschiedung sagen:

Tschüss!

Manche Bürgerkriege enden erst, wenn es keine Bürger mehr gibt.

Die ‘Probleme mit den Wohnungslosen‘ enden erst, wenn es keine Wohnungslosen mehr gibt.

Kindermund tut Weisheit
kund

vs.

das darfst du noch nicht
einmal denken
sei gefälligst leise
du hörst gefälligst auf mich
weil das so ist
weil ich das so sage

...,

sagt viel über den Umgang
mit Kindern!

Aufgestanden worden durch tropfenden Urin auf dem Schlafsack. Vertrieben worden durch Baustellenarbeiter. Beleidigt worden von einer Schulklasse auf Klassenfahrt. Beklaut worden durch Passanten. Wäre ich abergläubisch, würde alles damit zu tun haben, dass mir heute Morgen schon mein Glückstee in die Pfütze gefallen ist.

Ich möchte naiv bleiben.
Nicht aus Dummheit,
sondern aus Menschenliebe.
Ich möchte Vertrauen
schenkend bleiben.
Den Worten glauben, die zu
mir kommen.

In dem Glauben:
Menschen meinen auch das,
was sie mir sagen.

Wie ist es bei dir?

Im Winter werde ich oft zum
Glatziologen.

Die Wissenschaft von der
Entstehung und Wirkung
des Eises auf meinem Kopf.

Bin ich für dich
stellvertretend, oder meinst
du mich persönlich?

Was würdest du tun, wenn
du plötzlich nichts zu hassen
hast?

Was würdest du tun, wenn
du plötzlich keinen
Stellvertreter mehr findest?

Warum ich bei einem
Lagerfeuer immer so viel
Bier trinke?
Wegen der
Waldbrandgefahr!

Aber um das Feuer
auspinkeln zu können,
muss ich mir erst ein
bisschen Urin antrinken.

Nur weil der Übergang
schwierig werden wird,
darf nicht keine
Veränderung stattfinden,
wenn der Zustand unhaltbar
ist.

Alles Geld, was in die
ehemalige DDR fließt,
nennt sich Aufbau Ost.

Alles Geld, was in einen
skandinavischen
Möbelgroßkonzern fließt,
nenne ich Aufbau Nord-
Nord-Ost

Menschen sind nicht gleich,
aber gleich viel wert.
Sein wahres Ich zeigt schnell,
wer sich hier beschwert.

Als ich einmal eine Freundin
hatte und wir essen gehen
wollten, beschämte ich mich,
aber die Freude über das
Treffen und der Stolz
waren größer als die Pein:

„Damit ich dich einladen
kann, musst du schon was
leih'n."

Wäre die Gesellschaft ein
Sprichwort, würdest du in
die Suppe spucken und ich
muss sie auslöffeln.

Ist das die Grundlage, auf
der Kommunikation
stattfindet?

Ich las über Kellogs:
der Zuckeranteil ist kein
Kriterium dafür, ob ein
Lebensmittel ausgewogen
und nahrhaft ist oder nicht.

Spricht man auch privat so
unverhohlen dreist?

Wenn ich dich zwinge das Richtige zu machen, auch wenn du es nicht möchtest, kannst du das Richtige dann irgendwann auch gut finden, wenn es das Richtige ist und du nur den Anstoß brauchtest oder wirst du es weiterhin schlecht finden, weil es eine Bevormundung war?

Gibt es überhaupt DAS Richtige?

Ich bin nicht der Maßstab
dafür, ob jemand anderes
etwas macht.

Und ich brauche dich nicht
als Maßstab, der mir
vorschreibt, bewertet und
auslacht.

Ein Zufall ist die, dem
Menschen innewohnende,
fehlende Übersicht aller
Seinsbedingungen.
Mit deinem Kopf kannst du
viele Positionen einnehmen.
Mit deinem Herzen nur eine!

Kann es nicht eine
Möglichkeit der
Globalisierung sein,
(wieder) zusammen zu
finden und
voneinander zu lernen?

Das würde allerdings
voraussetzen, dass Menschen
voneinander lernen wollen
und nicht anderen zu zeigen
genötigen, wie Leben
funktioniert.

Ich bin vorgestern mit
jemandem versackt,
der mir sagte er wäre gerne
jemand anderes.

Da sagte er die Wahrheit und
log zur gleichen Zeit.
Er wäre gern er selbst. Das
ist schon anders genug.

Im Vergleich zu Gedanken
sind Worte sehr laut.

Sie sind wiederum sehr leise
im Vergleich zu dem,
was ihr Begreifen auszulösen
vermag.

Unter Menschen gilt
manchmal bei mir:

So bin ich nicht,
so gebe ich mich nur.
Ist einfacher…

Sozialstaat, oder:
staatlich verordnete
Hilfsbereitschaft entbehrt
den Menschen jeder Echten.
Kann ich mir eine
Einstellung aneignen, ohne
eingestellt zu sein? Ohne
fixiert zu sein? Mit einer
Einstellung als Basis
für lebhafte verändernde
Diskussionen in der Runde
meiner Mitmenschen?!

Hab Hochachtung vor
Menschen, die dir eine
Antwort auf deine Fragen
nicht sofort, sondern selbst
Tage später noch geben.
Du kannst sicher sein, dass
sie von dir erreicht wurden.
Dass sie dich sie erreichen
ließen.

Der Mensch hat gelernt die
Natur zu katalogisieren,
das All zu erkunden, die
Pflanzen zu analysieren,
die Umwelt zu erforschen
und die Tiere zu sezieren.

Kannst du dich selbst
bestimmen?

Ich glaube nicht, dass die
vorherrschende Kultur
den Geist der Bevölkerung
widerspiegelt.
Ich bin der festen
Überzeugung, es gibt sehr
viel mehr Kultur im Kleinen
und Unerkannten!

Suchst du etwas Gutes in dir,
hast du es schon entdeckt.

Suchst du etwas Besseres in
dir, wird es eine Ewigkeit
dauern.

Der Mensch ist etwas sehr
Kleines. Ein Zwischendurch
der Evolution. Das, was er
heutzutage zu erschaffen in
der Lage ist, benötigt er, um
sich weiterzuentwickeln.
So ist das höchste Gut des
Lebens die Verwirklichung
des zu erschaffendst
Möglichen.
Nichts ist beständig,
doch alles erhält sich.
Und jede Zerstörung
negiert sich selbst
in der Unendlichkeit.

Erkenntnisse sind
gleichbedeutend mit der
Idiotie eines
schaffensgewichtigen Lebens
im gesellschaftlichen
Kontext.

Du bist kein Versager, wenn
du nichts schaffst was von
dir verlangt wird.

Wieso soll ich bitteschön
allen Menschen gleich
begegnen, wenn mich doch
jeder Mensch anders
anspricht?!

Spannend dann, wenn meine
Mitmenschen
unterschiedliche Michs
kennenlernen…

…auch für mich!

Jetzt einmal kurz zum
Meckern:

Wenn du nicht hättest sollen
müssen, wäre es dann so
geworden, wie du gewollt
hättest?

Oder ist dir die eigene
Aktion dann doch zu viel?

In eine Diskussion geraten
und gesagt bekommen:
‚Das macht man nicht!‘
Ich fing an zu lachen und
erwiderte den Satz
gestrichen zu haben.
‚Aber man bringt doch auch
keine Menschen um!‘
Doch. Und zwar jeden Tag.
Du kannst es dir auf der
ganzen Welt ansehen.

Ob es gut ist, ist eine ganz
andere Frage.

Der Mensch ist nur dann
schwierig, wenn du ihn
zwingst dorthin zu gehen,
wohin er selbst nach
Erklärung niemals hingehen
würde.

Ich habe mir in den
vergangenen Monaten und
Jahren so viele Ratschläge
und Hinweise anhören
dürfen und müssen.

Manchmal frage ich mich,
ob Menschen Ratschläge nur
für andere haben oder auch
für sich selbst?

Respekt habe ich vor der
Allmacht des Lebens, dessen
wir alle innewohnen, aber
gerade nicht mehr vor den
Menschen, denen das
Lebenswohl ihrer
Mitmenschen
abhandengekommen scheint.

Wenn mir jemand sagt:

„Ich wünschte es gebe euch

nicht!“,

antworte ich immer:

„Du kannst nicht sagen was

du nicht möchtest. Du musst

schon beschreiben, was du

dir vorstellst und nicht was

du verneinst.“

Manchmal wird es dann

seiner Einfachheit halber

noch beleidigender.

So alt du auch bist.
Wenn etwas Neues in dein
Leben tritt, bist du wieder
Anfänger und Kind und
betrittst wackeligen Fußes
Neuland.

Ein Umstand, der nicht
allseits die ihm notwendige
Zustimmung findet.

Ich mag es nicht
Vorschreibungen zu machen,
aber dennoch:

Ein Mensch muss schlendern
können!!

Siehst du mich,
wie ich mich sehe?
Sehe ich mich,
wie sehr ich mich drehe?

Zwischen Selbst- und
Fremdwahrnehmung
liegt ein himmelweiter Grat.

Kein Muster ist so starr,
als dass es ein ganzes Leben
lang hält. Kein Muster ist so
weich, als dass es dem
Menschen einfach gemacht
wird, sich in ihm zu
verändern.
In der Globalisierung wird es
immer wichtiger eine eigene
Scholle zu haben.
Einen sicheren Ort, von wo
aus in die Welt geblickt
werden kann. Kannst DU
dein Ort sein oder muss es
die Nation sein?

Wie nervös sind all die
Menschen, die ihr Leben
darauf ausrichten, auf andere
Menschen zu reagieren.

Dein Verständnis von fremden Menschen ist ein Trugschluss. Lerne dein Subjekt der Beleidigung unter anderen Umständen kennen und deine Weltsicht ist eine andere.

Deine Weltsicht ist immer abgestimmt mit den Erlebnissen, die dir widerfahren. Sie ist nie in Gänze dein. Ab wann weiß ich und ab wann kann ich mir sicher sein?

Hinter jeder Antwort sollte
ein Fragezeichen stehen,
für neue Fragen der neuen
Erkenntnis.

Die Bereitschaft
anzuerkennen, dass es
wichtige Einflüsse aus
anderen Kulturen geben
kann, ist eine Loslösung der
eigenen Herkunft, im vorher
mit der eigenen Kultur
verschmolzenen Sinne.

Du entwickelst dich zu dir.
Lässt du deine Kultur dir
ändernd folgen?

Für mich ist die Todesstrafe
das Antibiotikum einer
Gesellschaft, deren
Entwicklung und
Auseinandersetzung
mit Dingen und
Phänomenen ins Stocken
geraten ist.

Ein Nothalt zur Entsorgung
verloren gegangener
Menschen.

Aus heiterem Himmel
traurige Sachen sagen
macht mich doppelt wütend.

Das Besondere an der
Despektierlichkeit?

Keiner wills gewesen sein!
Die zwischenmenschliche
Nahbarkeit geht weder vorne
raus noch hinten rein.

Das Buch ist zu Ende
und mir ist kalt, leider.

Ich mache Feierabend
und schlüpf' in meine
Altkleider.

3. Der Ausgang

Ob ich von meinen Geschichten und
Erlebnissen, meinem Entkommen von der
Wodkasucht und der Zeit danach
irgendwann einmal berichten werde?

Das kann gut sein.
Den Namen habe ich schon:

Des Podcasts reine Seele!

Wenn es euch phrasenweise ganz gut gefallen
hat, dann schickt mir einen Daumen!

Meinen rechten hat der Nachbarshund

Frage dich beim Anblick eines Berbers *Warum*!!
Ab hier entscheidest du, wie es weitergeht.
Warum muss ich den Anblick ertragen?
Warum macht der nicht einfach etwas dagegen?
Warum strengt der sich nicht an?
Warum werden Menschen links liegen
gelassen?
Warum unternimmt niemand etwas dagegen?
Warum bleiben in einem reichen Land so viele
Menschen arm?

Weißt du, was der verurteilte Mensch alles
ertragen kann und schon ertragen musste?
Weißt du, welche Sicht er auf die Welt und sein
Leben hat?
Weißt du, aus welchen Quellen er seine
Ressourcen zieht?
Weißt du, wie viel Stärke es erfordert, um mit
diesem Leben fertig zu werden?

Die theoretisch Entrüsteten sind die sorgenvoll
Schreibenden.
Die Politiker im Wahlkampf.
Die Kabarettisten und ihr Publikum.
Die, deren empathische Nachhaltigkeit bis zum
letzten Tropfen Prosecco im Foyer anhält.

Die praktisch Entrüsteten sind die Helferinnen
und Helfer.
Die Aktiven an der Essensausgabe, wenn sie
das Brot reichen.
Die Unterstützer, wenn sie Kleidung verteilen.
Die, deren nachhaltige Empathie bis zur Wut
gegen die Zustände als Feuer anhält.